P9-EKD-994

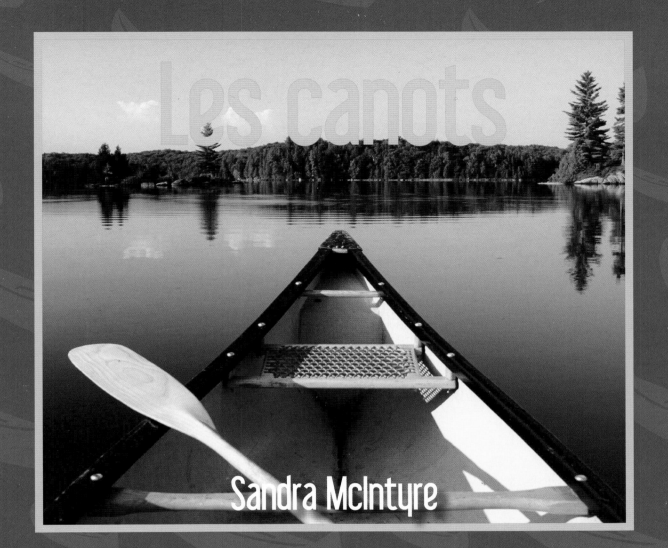

Les canots

Sandra McIntyre

Weigl

Publié par Weigl Educational Publishers Limited
6312 10th Street S.E.
Calgary, Alberta T2H 2Z9
Site web : www.weigl.ca

Catalogue avant publication de Bibliothèque et Archives Canada

Traduction de : Canoes: Canadian Icons

McIntyre, Sandra 1970-
        Les canots : Les emblèmes canadiens / Sandra McIntyre
Comprend un index.
Aussi disponible sous format électronique.
ISBN : 978-1-77071-407-6 (relié)
        1. Les canots et faire du canot--Littérature pour adolescents. 2. Les Autochtones de l'Amérique du nord--les bateaux--le Canada--Littérature pour adolescents. I. Titre.

E98.B6M352010   j.623.82'9   C2010-903741-3

Imprimé aux États-Unis à North Mankato, Minnesota
1 2 3 4 5 6 7 8 9 0 15 14 13 12 11

072011
WEP040711

Rédactrice : Heather Kissock
Conception : Terry Paulhus
Traduction : Julie McMann

Générique photographique : les Images Getty et Alamy

Nous reconnaissons que, dans notre travail d'édition, nous recevons le soutien financier du gouvernement du Canada par l'entremise du Fonds du livre du Canada.

Table des matières

4 Qu'est-ce que c'est qu'un canot ?

7 L'histoire du canot

8 La taille des canots

10 De quoi est-ce qu'un canot est fabriqué ?

12 Les parties d'un canot

15 L'essentiel de comment pagayer

16 Transporter un canot

18 Les endroits où vous pouvez aller en canot

20 Une journée aux courses de canots

22 Construire un canot en papier

23 Pour plus d'informations

24 Glossaire / Index

Qu'est-ce que c'est qu'un canot ?

Un canot c'est un bateau, léger et étroit. Normalement, un canot peut tenir une ou deux personnes à la fois. Faire du canot est **un passe-temps** populaire et un sport au Canada. Les gens peuvent pagayer autour des lacs ou faire des courses sur les rivières en canot. Souvent, on va à la pêche en canot.

L'histoire du canot

Il y a longtemps passé, **les Autochtones** utilisaient des canots pour faire la chasse et pour voyager. **Les coureurs de bois** européens ont commencé à utiliser les canots quand ils sont arrivés au Canada. Les coureurs de bois traversaient les lacs, les rivières et les forêts. Là, ils collectionnaient les fourrures des animaux. Quelquefois, les coureurs de bois utilisaient de grands canots. Ces canots pouvaient tenir 12 personnes et plus que 3 600 kilogrammes de provisions. On appelait les hommes qui pagayaient ces canots des voyageurs.

La taille des canots

Aujourd'hui, la plupart des canots sont environ 4,5 mètres de long. Ils peuvent être aussi courts que 3 mètres ou aussi longs que 6,1 mètres. Un long canot peut transporter plus de poids. C'est aussi plus facile à diriger. Un canot court est léger. C'est aussi bon pour naviguer facilement.

Un paquebot : Jusqu'à 345 mètres

Comparer la taille des bateaux

Un kayak : Jusqu'à 3 mètres

Un canot : À peu près 5 mètres

Un remorqueur : Jusqu'à 22,5 mètres

De quoi est-ce qu'un canot est fabriqué ?

Les premiers canots étaient fabriqués des troncs d'arbres qu'on avait évidés. Plus tard, les Autochtones utilisaient le bois et **l'écorce** des arbres pour fabriquer les canots. Souvent, ils utilisaient l'écorce du bouleau. L'écorce du bouleau est imperméable et solide. Aujourd'hui, la plupart des canots sont fabriqués de bois ou de **toile**.

Les parties d'un canot

Tous les canots ont la même forme de base. La plupart des canots sont ouverts. Ça veut dire qu'ils ne sont pas couverts. Quelques canots ont des sièges pour s'y assoir ou pour s'y mettre à genoux. Chaque partie du canot a un mot pour la décrire. Les mêmes mots sont aussi utilisés pour décrire d'autres types de bateaux.

LA PROUE La partie en avant du canot s'appelle la proue.

LES PLAT-BORDS Les hauts des côtés du canot s'appellent les plat-bords.

LA COQUE L'extérieur du canot s'appelle la coque.

LA POUPE L'arrière du canot s'appelle la poupe.

L'essentiel de comment pagayer

Une pagaie est un outil qu'on utilise pour voyager en canot. Une pagaie a trois parties importantes. La partie en haut de la pagaie s'appelle la poignée. Cette partie n'entre pas en contact avec l'eau. La partie longue s'appelle la manche. La pale est au bout de la pagaie. C'est la partie qui va dans l'eau. On tient la pagaie avec les deux mains et on la tire à travers l'eau. Cette action s'appelle un coup de pagaie. Chaque coup de pagaie fait avancer le canot.

Transporter un canot

Il y a beaucoup de lacs et de rivières à travers le Canada. Pourtant, pas tous les lacs, les rivières et les océans sont reliés. Des fois, on doit enlever un canot hors de l'eau et le transporter à un autre cours d'eau. Transporter un canot s'appelle faire du portage. Cela vient du verbe « porter ».

Les endroits où vous pouvez aller en canot

Il y a deux façons de faire du canot. Quelques personnes préfèrent une randonnée tranquille sur un lac calme. Pour la plupart, on fait du canot sur l'eau calme. On fait du rafting sur l'eau vive et agitée.

Une journée aux courses de canots

Les courses de canots sont un sport aux Jeux olympiques. Ces courses peuvent être de 200 à 1 000 mètres de long. Un autre type de course de canot est un marathon. Ces courses durent plus longtemps. Le plus long marathon de canot s'appelle le Yukon 1 000. Les gens pagaient leurs canots 1 600 kilomètres le long de la rivière Yukon.

Construire un canot en papier

du papier de
construction

des crayons
de couleur

des ciseaux

de la laine

un perce-trou

Les directives :

1. Pliez la feuille de papier en deux dans le sens de la longueur.

2. Pliez encore une fois 1,5 centimètres du premier pli. Répéter la même chose sur l'autre côté du pli original. Le papier devrait ressembler à un « w ». Les plis formeront la base du canot.

3. Dessinez la forme d'un canot sur le papier, en vérifiant que les plis sont en bas du canot.

4. Coupez la forme du canot et percez quelques trous sur chaque côté.

5. Entrelacez la laine à travers les trous.

6. Poussez la base pliée pour que le canot se tienne droit.

Pour plus d'informations

Pour en savoir plus sur les canots, visite ces sites web.

Canoë
http://allonzalaventure.
pagesperso-orange.fr/
canoe.htm

Le musée canadien du Canot
http://www.canoemuseum.
ca/

César et son canot d'écorce
http://www.nfb.ca/film/
Cesar_et_son_canot_d_
ecorce/

L'Association canadienne des Canots
www.canoekayak.ca/francais

Glossaire

Autochtones : les premiers habitants du Canada

coureurs de bois : les gens qui obtenaient les fourrures et les échangeaient pour l'argent ou d'autres objets

écorce : l'extérieur d'un arbre

passe-temps : une activité qu'on fait quand on a du temps libre

toile : un tissu épais

Index

Autochtones 7, 10

bouleau 10

coque 13

eau calme 18
eau vive 18

longueur 8, 9

pagaie 4, 15
portage 16
poupe 13
proue 13

voyageurs 7